AF244742

SUR

LES PROCHAINES ÉLECTIONS

DES MEMBRES

DE

LA CHAMBRE DES DÉPUTÉS,

AU 1er AOÛT 1815.

DE L'IMPRIMERIE DE MAME.

SUR

LES PROCHAINES ÉLECTIONS

DES MEMBRES

DE

LA CHAMBRE DES DÉPUTÉS,

AU 1ᵉʳ AOÛT 1815.

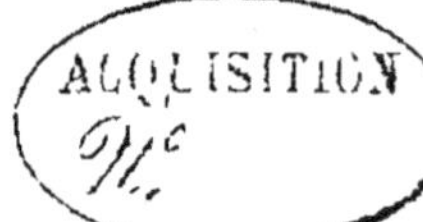

« Le Midi ou le Nord, le Continent ou la Mer, ne font
« pas la force des Nations ; c'est l'esprit, l'énergie et le
« courage qui donnent tout et enlèvent tout. Celui qui
« s'agrandit n'a donc à redouter que ses passions, et celui
« qui succombe ne doit accuser que ses fautes . . . . . . »
(C'est à des hommes doués d'une grande énergie morale,
qu'une Nation en péril doit confier ses destinées.)

MULLER, *Histoire universelle*, traduite de
l'allemand par J. G. Hess. Introduction.

SECONDE ÉDITION.

A PARIS,

CHEZ { E. BABEUF, LIBRAIRE, RUE DU PETIT-LION-SAINT-SULPICE, N° 26 ;
DELAUNAY, LIBRAIRE, AU PALAIS-ROYAL, GALERIE DE BOIS ;
PELICIER, LIBRAIRE, AU PALAIS-ROYAL.

1815.

AVANT-PROPOS.

Au milieu du choc des passions, qui, si elles ne sont pas calmées par la sagesse, peuvent encore ajouter à nos malheurs, qu'il soit permis à un bon Français de soumettre à ses concitoyens quelques réflexions inspirées par l'amour sincère de la patrie.

Appliquons-nous ces paroles adressées par le Roi de Naples à ses peuples, et qui sont aussi l'expression fidèle des sentimens de notre Roi : « *Toutes les disgrâces, tous les malheurs qui ont signalé les vingt-cinq dernières années, doivent être oubliés. Toutes les vertus qui ont pu les illustrer doivent être rappellées. La vertu est une; elle est la même dans tous les temps, dans tous les lieux, sous tous les gouvernemens* (1). »

____

(1) Moniteur, numéro du 31 juillet; article daté de Naples, du 12 juin 1815.

Dans ce peu de mots est l'instruction la plus précise et la plus complète qui puisse être donnée aux Collèges Électoraux. Qu'ils choisissent, pour représenter la France, des hommes vertueux, capables de puiser toujours leurs opinions dans leur conscience, dans le sentiment de leurs devoirs, dans l'amour du bien public, dans un dévouement absolu à la Patrie et au Roi.

Le Roi, en véritable père de famille, embrasse également dans ses affections tous les Français qui aiment et qui servent loyalement leur patrie.

Ils ont aussi servi le Roi de France, les intrépides soldats qui, depuis vingt-cinq années, ont défendu, au prix de leur sang, le territoire français.

Ils ont servi le Roi, les administrateurs, les magistrats, les membres des Corps Représentatifs, qui, en acceptant et en exerçant leurs fonctions, sous les gouvernemens *de fait* qui ont existé

en France, ont empêché leur pays de tomber dans une sanglante anarchie.

Les dénominations de partis, dont l'influence a si long-temps été meurtrière dans nos troubles civils, ne tendraient qu'à réveiller des préventions injustes, des divisions funestes, dans un moment où l'union est notre premier besoin. Nous ne devons exclure de nos suffrages que les hommes dont le caractère et la conduite les ont fait juger indignes de l'estime des gens de bien, et ceux qui pourraient apporter dans la Chambre des Députés un esprit d'exaspération, des souvenirs de haine, des idées de réaction et de vengeance. Mais, nous devons rechercher et honorer de nos choix les Français qui sont restés purs et vrais citoyens, dans le cours de nos révolutions.

« *Ce sont natures belles et fortes*, dit Montaigne, *qui se maintiennent au travers d'une mauvaise institution.* »

Anacharsis disait que l'état le plus heureux serait celui où la préférence pour les emplois publics serait constamment donnée à la vertu.

SUR

LES PROCHAINES ÉLECTIONS

DES MEMBRES

DE

LA CHAMBRE DES DÉPUTÉS,

AU 1er AOUT 1815.

Q**UELS** sont les hommes capables de bien représenter la Nation Française, dans les terribles circonstances où se trouve la Patrie ? Quelles qualités paraissent devoir réunir ces hommes, pour remplir dignement leur mission, pour être à la fois les organes de leurs concitoyens auprès du Roi et à la face de l'Europe, pour contribuer à raffermir sur des bases solides la monarchie constitutionnelle ébranlée, la tranquillité et la sûreté publiques compromises par une commotion violente et imprévue ?

Toutes les considérations particulières de liaisons, d'amitié, de parenté, d'amour-propre, d'intérêts de localité, d'esprit de parti, de coterie ou d'intrigue, doivent s'évanouir devant la grande considération de l'intérêt national. Les membres des collèges électoraux ne sauraient trop se pénétrer de la haute importance des choix qui leur sont confiés.

Il faut à la France des députés qui unissent la prudence au courage, le patriotisme aux lumières, le désintéressement à la loyauté, qui soient assez dévoués aux intérêts du Roi et de la Patrie, pour exprimer toujours avec une noble franchise les vérités qu'ils croiront utiles au bien public, qui s'étudient avec un soin religieux à justifier la confiance de leurs commettans, qui soient inaccessibles aux séductions, aux intrigues, aux influences corruptrices et à l'esprit de faction.

Des hommes dont l'énergie aura sa source dans leur conscience, dans le sentiment de leur devoir et dans l'amour de la Patrie, défendront à la fois les droits de la Nation, les institutions consacrées par le pacte social et l'autorité du monarque.

Il s'agit d'offrir aux étrangers la Nation Française, délivrée de l'anarchie et du despotisme, forte de son union avec un Roi Citoyen. Il s'agit de prouver à l'Europe que la liberté réglée par les lois, à laquelle la France aspire depuis long-temps, loin d'être un sujet d'alarme pour les peuples et les gouvernemens, est une garantie nécessaire de sa tranquillité.

Des *propriétaires*, connus par leur attachement solide, invariable, raisonné, aux principes de l'ordre social et d'une sage liberté; des *acquéreurs de biens nationaux*, animés d'un vrai patriotisme, et capables de discuter et de soutenir les intérêts publics; des *militaires honorables*, qui aient prodigué leur sang pour la patrie, et qui réunissent au courage du guerrier la noble fermeté du citoyen; des *administrateurs*, des *magistrats*, d'anciens *fonctionnaires publics*, qui n'aient jamais été les instrumens serviles d'une volonté despotique, mais qui soient toujours restés les hommes de la nation et de la loi; des *écrivains* probes et instruits, dont le talent, inspiré par le cœur, éclairé par la raison, dirigé vers un noble but, ait toujours été consacré à développer des vues saines et utiles; des *hommes d'un bon-sens éprouvé*, et *d'un grand caractère*, plutôt que des hommes d'esprit; des *penseurs judicieux*, et surtout des *amis sincères de la patrie;* des *royalistes sages;* des *Français estimables et purs*, qui aient donné des garanties de leur moralité dans le cours de la révolution, qui ne soient point susceptibles de l'exagération où peut conduire l'esprit de parti, ni aveuglés par des passions haineuses, ni capables de pousser le gouvernement dans un système de réaction et de vengeances : tels sont les députés que la nation réclame , et qui peuvent répondre à sa confiance et imprimer un caractère de maturité et de stabilité à nos institutions.

Qu'aucun souvenir du passé , qu'aucune prévention injuste ne donnent lieu à des exclusions. Les hommes purs et désintéressés , connus par une probité austère , par un attachement constant à la Patrie, seront fidèles à eux-mêmes, à la France et au Roi, quelles qu'aient pu être les nuances de leurs opinions , au milieu des oscillations des partis.

Ceux qui furent toujours de bonne-foi dans leurs opinions, qui ne cédèrent jamais aux séductions de la puissance , qui ne furent point les bas courtisans, ni de la multitude, en 1793, ni des divers gouvernemens qui se sont succédés, sauront se maintenir, en 1815, et pendant la session législative qui va s'ouvrir, dans cette ligne des idées saines et des bons principes , qui sont les meilleurs garans que la Nation ne sera point livrée aux abus du pouvoir ministériel par des Représentans infidèles, ni la puissance du Monarque abandonnée ou trahie par des députés lâches et serviles, ou attaquée par des factieux.

De semblables délégués de la Nation, dévoués

par un sentiment intime et profond à son salut et à sa prospérité, sauront honorer et servir leur patrie, contribuer utilement à diminuer et à faire cesser les maux qu'elle souffre, prouver enfin à l'Europe que notre France, souvent accusée de mobilité, de légéreté, d'inconstance, veut réellement et fortement une monarchie constitutionnelle et tempérée, une sage liberté, dont les bienfaits, si chèrement achetés, doivent devenir le prix de son courage, de ses efforts, de ses longs malheurs, de ses immenses sacrifices.

Les députés, aux termes de l'article 38 de là Charte Constitutionnelle, ne peuvent être nommés, qu'autant qu'ils paient une contribution directe de mille francs. On aurait désiré que l'ordonnance du Roi, relative à la convocation des corps électoraux (en date du 18 juillet), qui s'est déjà relâchée de quelques rigueurs de la Charte, eût réduit, pour les députés à élire, cette proportion de mille francs, tout-à-fait excessive dans plusieurs départemens (1), et qui généralement paraît

____

(1) On cite particulièrement le département de la Corrèze, où *quatre propriétaires* seulement payent *mille francs* de contributions foncières annuelles. Le cinquième plus imposé, qui paie 950 *francs*, est un ancien député, continué long-temps dans ses fonctions législatives, dans

trop élevée. Un grand nombre de citoyens recommandables se trouvent écartés de la liste des éligibles ; les électeurs sont privés de la faculté de choisir beaucoup d'hommes dignes de leurs suffrages, parmi lesquels on pourrait citer quelques membres de l'ancienne Chambre des Députés de 1814, et de la Chambre des Représentans de 1815.

L'ordonnance royale ne fait aucune mention de la disposition consacrée par l'article 39 de la Charte, portant que « s'il ne se trouvait pas dans un « département cinquante personnes de l'âge indi- « qué (quarante ans), payant au moins mille francs « de contributions directes, leur nombre sera « completté par les plus imposés au-dessous de « mille francs, et ceux-ci pourront être élus con- « curremment avec les premiers ».

Cette disposition constitutionnelle, n'étant point annullée, conserve toute sa force, et sera probablement rappelée dans les instructions ministérielles aux colléges électoraux.

On pourrait craindre que l'âge, pour être éligible, fixé d'abord à *quarante ans* par l'article 38 de la Charte, reporté tout à coup à *vingt-cinq*

---

lesquelles il a justifié la confiance de ses commettans. L'un de ceux qui paraissent avoir le plus de droits à être élu, serait-il exclus de la liste des éligibles?

ans, par l'ordonnance du 18 juillet, n'introduisît
dans le sanctuaire des lois un trop grand nombre
de jeunes-gens inexpérimentés, présomptueux,
d'un esprit plus brillant que solide, susceptibles
d'exaltation, et d'une sorte d'effervescence, peu
compatible avec cette raison froide et calme qui
doit caractériser les législateurs. L'âge de trente
ans aurait peut-être mieux convenu pour conci-
lier tous les intérêts. Mais, la sagesse des colléges
électoraux préviendra sans doute l'abus de cette
faculté qu'on leur a laissée. Ils ne fixeront leurs
suffrages sur des candidats âgés de moins de trente
ans, qu'autant que des talens distingués, un
noble caractère, une moralité éprouvée, un esprit de sagesse qui, chez quelques individus pri-
vilégiés, n'attend pas le nombre des années,
auront paru justifier une exception honorable.
Ils s'attacheront surtout à choisir des hommes
qui soient mûris par l'expérience et la méditation,
mais dont les âmes soient jeunes encore par
l'énergie et la pureté des sentimens. Ces hommes,
en France, sont d'autant plus rares, ou plus
difficiles à distinguer dans la foule, qu'ils ont
presque tous été, depuis quinze années, étouffés
sous Napoléon, repoussés de toutes les fonctions
éminentes, soustraits avec soin aux regards et
aux suffrages de leurs concitoyens. C'est donc

dans une condition privée, ou dans des fonctions inférieures, qu'il sera le plus souvent nécessaire de les chercher.

« Les dépositaires du pouvoir absolu, dit un historien philosophe (1), ont un tact infaillible pour choisir leurs coopérateurs : les sentimens généreux les repoussent, et la bassesse les attire ».

Napoléon craignait les hommes doués d'un grand talent , d'une âme pure et d'un grand caractère : ces hommes seuls font néanmoins la force et la gloire des états. Il fallait, pour trouver grâce auprès de lui, expier un talent supérieur par une extrême souplesse, ou par une grande servilité, ou par une profonde corruption.

Aujourd'hui, le Gouvernement fera ressortir la différence d'une monarchie constitutionnelle, ou réglée par les lois, et d'une dictature absolue, arbitraire, oppressive, qui prend les caprices du maître pour règles, la violence pour moyen, la terreur pour mobile, les armes pour appui, la destruction pour but. Nous pouvons le dire avec vérité : aucune Représentation Nationale n'a existé sous Napoléon. Un Corps Législatif de muets,

---

(1) Fergusson, *Histoire de la Société civile.*

choisis par le Sénat, n'en offrait qu'un vain fan-
tôme. La Chambre des Députés de 1814, composée
des restes de ce Corps Législatif, dont les pouvoirs
étaient en partie expirés, et qui avait trahi la Nation par sa lâcheté, s'était trouvée incapable de
soutenir et d'affermir le trône.

L'apparition momentanée de la dernière Chambre des Représentans, dont la très-grande majorité
avait des intentions pures, mais qui s'est trouvée
placée dans les plus graves circonstances, con-
damnée à ne prendre aucune attitude prononcée,
pour maintenir les passions dans un état de neu-
tralité, pour calmer des irritations partielles,
pour éviter des déchiremens et des troubles, n'a
pu faire jouir la Nation des vrais avantages du
système représentatif. Elle a rendu néanmoins,
par sa modération et sa prudence, des services
importans, qu'il serait injuste de méconnaître.

L'époque approche où la Représentation Nationale, énergique sans être factieuse, respectueuse
envers le Roi sans être servile, uniquement occupée
à procurer à la France les deux bienfaits d'une
tranquillité durable et d'une constitution monar-
chique, propre à garantir également la liberté
publique et la puissance du Roi, pourra réaliser
tout ce que la Nation a droit d'en attendre.

La *Constitution* et la *Paix* sont désormais les mots de ralliement de tous les hommes sages. Sans une constitution forte, la paix intérieure n'aurait aucune garantie; sans une paix bien établie entre les partis qui ont divisé la France, une bonne constitution deviendrait impossible, ou resterait sans exécution. Tous les soins des magistrats, des préfets, des présidens des colléges électoraux doivent donc se rapporter au grand but de l'union des esprits, de la fusion des sentimens, de l'accord des volontés. Quiconque ne travaillerait pas à calmer l'exaspération et les passions haineuses, à rétablir l'union et l'harmonie, trahirait la France et le Roi. Nous avons tous besoin d'oublier : la Patrie en pleurs nous demande d'être unis pour mettre enfin un terme à ses maux. Serions-nous donc assez insensés pour nous déchirer encore, au milieu des armées étrangères qui ont envahi nos provinces et qui mettraient à profit nos discordes? Qu'une indifférence coupable, que des rivalités locales, des animosités particulières ne viennent point paralyser les opérations des colléges électoraux, ou leur donner une fausse direction. Les choix qu'ils sont appelés à faire auront une grande influence sur le sort de la Patrie. Qu'ils se pénètrent de l'importance des devoirs que les députés auront à remplir.

Rattacher la Nation à la monarchie et à la personne du Roi ;

Disposer le Roi et son ministère à satisfaire aux vœux raisonnables de l'opinion publique ;

Rendre ainsi l'autorité plus douce, l'obéissance plus facile ;

Fortifier le ministère ;

Aider le gouvernement à fermer les plaies publiques, à donner aux puissances alliées, et à recevoir d'elles des garanties d'une paix solide ;

Améliorer et compléter les lois constitutionnelles, en assurer l'observation ;

Rassembler les élémens épars de la prospérité publique ;

Rétablir, enfin, l'agriculture, le commerce, l'industrie, les finances, par des institutions fortes, généreuses, dont la religion, la morale, l'éducation, l'amour de la patrie soient les bases : tels sont les devoirs imposés à la Chambre des Députés.

Si elle foule aux pieds toutes les petites passions, tous les intérêts particuliers, tous les souvenirs de partis, elle remplira sa mission, affermira le trône et sauvera la patrie. Si elle ne songeait qu'à satisfaire les passions et les vengeances d'un parti, elle préparerait à la Nation, au Roi et à l'Europe, de nouvelles causes de troubles et de malheurs.

Il paraît utile et facile d'assigner les points principaux, auxquels veut se rattacher la grande majorité des Français, et que la Représentation Nationale devra consacrer.

Le premier objet, qui réunit tous les vœux, est un vrai *système représentatif*, qui doit tenir lieu, en France, des anciens états-généraux, des parlemens, des états provinciaux et des anciennes institutions, destinées à empêcher l'autorité royale et ministérielle de dégénérer en despotisme.

Autrefois, les parlemens formaient, en France, quarante foyers d'agitation qui excitaient souvent l'inquiétude de la cour et des ministres. Aujourd'hui, deux chambres seulement, réunies sous les yeux du Roi, seront pour lui des soutiens, plutôt que des obstacles à sa puissance légitime et constitutionnelle.

La Représentation Nationale , appelée à concourir à la formation des lois, et à veiller à ce qu'elles soient observées par les divers agens du pouvoir exécutif, donne aux lois, devenues l'expression de la volonté générale, un caractère éminemment national, qui dispose mieux le peuple à la soumission , et qui investit le Roi d'une autorité plus réelle et mieux affermie. Tous ses actes, appuyés sur des lois discutées et consenties par les députés de la nation, reçoivent une plus grande force de cette sanction de l'opinion publique , qui en fait apprécier les motifs et les avantages.

Un *second objet*, voulu généralement, est la garantie de la *liberté individuelle*, qui donne à chaque citoyen l'assurance de ne pouvoir être arrêté, poursuivi, jugé, que d'après les formes protectrices établies par des lois qui soient égales pour tous.

Les autres points principaux, réclamés par un vœu unanime, sont :

3° L'*égalité des droits civils et politiques*, ou la faculté des citoyens d'être également admissibles à tous les emplois, en raison de leurs vertus, de leurs talens, de leurs services, et non d'après des privilèges exclusifs, évidemment injustes, dont jouirait seulement un petit nombre de familles.

4° La *liberté de la presse*, pour que chacun puisse exprimer et publier ses pensées : ce qui tend à favoriser le développement des talens et à former l'esprit public ; chacun devant seulement répondre de ce qu'il a écrit et publié, afin que les abus, dans l'exercice du droit d'écrire, qui tendraient à calomnier des individus, ou à troubler l'ordre public, soient punis d'après la loi.

5° La *liberté des consciences et des cultes*.

6° Le *libre consentement des levées d'hommes et des impôts*, par les Corps qui représentent la Nation.

7°. La *responsabilité des ministres*, pour que la même inviolabilité soit garantie à la personne du monarque, et à la loi, qui doit protéger également les droits et les intérêts de toutes les classes de citoyens.

8° L'*inviolabilité des propriétés de toute nature*, et spécialement des acquisitions de biens nationaux ; et l'*abolition de la peine* odieuse et injuste *de confiscation*.

9° L'*entier oubli des opinions et des votes politiques*, émis dans le cours de la révolution, afin qu'il ne puisse y avoir de recherches inquisitoriales sur le passé, qui inquiéteraient un grand nombre d'individus, produiraient des germes de divisions et troubleraient la tranquillité publique.

10° L'*institution du jury* et l'*inamovibilité des juges*, qui assurent l'indépendance et l'impartialité des jugemens.

11° L'institution de la *Légion-d'Honneur*, et la *conservation des pensions civiles et militaires*, qui sont les seuls moyens d'existence d'un nombre infini de familles.

12° Enfin, la garantie du *paiement de la dette publique*.

Ces *douze objets fondamentaux*, que réclame l'universalité des citoyens en France, déjà garantis par la Charte que la sagesse du Roi nous a donnée, mais qu'il paraît important de consacrer par une Constitution Nationale, librement et publiquement discutée, solennellement acceptée et jurée par le Roi et par les Corps Représentatifs, sont les plus sûrs moyens de calmer les passions, d'éteindre les partis, d'ôter tout sujet et même tout prétexte de mécontentement et de trouble, et, par conséquent, d'assurer la tranquillité de la France, nécessaire pour que l'Europe elle-même soit à l'abri de nouvelles agitations.

Cette tranquillité tient surtout à la force et à la stabilité du Gouvernement. Plus les Députés seront pénétrés du véritable esprit, des vœux et des besoins de la généralité des citoyens; plus ils seront investis d'un caractère éminemment national, qui leur permettra d'environner et de fortifier le trône d'une grande puissance d'opinion, et de concourir à des lois qui soient réellement l'expression de la volonté générale. Plus la Chambre des Députés sera une Représentation fidèle et complète de la Nation, et non d'une classe particulière de Français, plus le gouvernement, assuré dans sa marche, et secondé dans ses opérations, pourra facilement obtenir des Puissances Alliées une paix honorable et solide, affermir son autorité légitime et constitutionnelle, et rendre le repos et la prospérité à notre malheureuse patrie.